TODO COMIENZO LUGAR

TODO COMIENZO LUGAR

Silvia Guerra

José Kozer

Edición: Pablo de Cuba Soria
© Logotipo de la editorial: Umberto Peña
© Ilustración de cubierta: Mía Kozer
© Silvia Guerra, 2016
© José Kozer, 2016
Sobre la presente edición: © Casa Vacía, 2016

www.editorialcasavacia.com

Richmond, Virginia

TODO COMIENZO

Silvia Guerra

1

Venía obstruyendo desde atrás en demasía
adentrando ese tiempo que se agolpa
en lo blando de las articulaciones. Y así
por el camino en bicicleta entre los ceibos
así, en el empedrado y la mañana.

Estaba un poco más allá la fuente el
surtidor, los topacios guardados de la
fragua del viento, los anillos que quedan
de cualquier extorsión. Sin embargo hay
un hilo que la busca, un tiento debajo de
las lonjas apiladas y que la luz transmite.

Quedan las piras, una sobre otra, el alto
pelo para la tarde próxima. Esta mañana
la luz filtra en las hojas y la tarde modifica
sus tallos. Una granada presa en grutas toscas
muda la materia reciente en una gloria verde
atiborrada entre la clorofila.

Es mejor el resguardo de esa hora
que confunde en las sienes. Recogerse.
El silencio es mejor. Vale la noche,
reiterarse en las ventanas removidas y ser
en ese instante luz en la pared

siguiente. Contra la nuca todo lo que resta:
posibles espasmos en las hojas
el halo desprendido de emoción.

Asciende trabajosa entre pausas y hiatos
ahogando estridencia y mediodía poniendo
trapos a los celos, proyecta cabelleras
esparcidas, atónitas, pero el rumor persiste
crea un submundo crece apenas. Espacio para
moverse desde el pálido papel hasta el sitio
en que la carnadura de la voz va al recinto del asma
y un *todavía* puede insinuarse, *Aún*,
rozando el baso enroscando en humo
anfibios que caen en la maraña de la noche
liban ahí, entre el olor y el sueño.

2

No quedaba tan claro como viene. Si es del anudamiento
o es del pasmo, nunca sabrá el olvido lo que cubre.
Balanceándose como un vestido de verano en la azotea
insinuaba opulencia en el verde, advenimiento
de lo casto produciéndose, océano desde sí
más a la espuma. Recorría la costa buscando
entre las rocas veletas, animales del plancton
partículas de seres que la noche ilumina. Hasta
ahí, el canto era otra cosa.

Después la oscuridad pone su marcha y en la pregunta
aplasta lo que emerge. El mar como un fondo o apego
algo que llama. Siempre a llorar por esas mismas partes
de cielo, esos recortes de la costa en las desembocaduras.
Hay un borde en el que crecen pinos que perfuman
el viento. Una superposición de mareas, una alborada
saca polvo del astro: debería el tiempo respetar esas cosas
y las líneas dibujarse en otra dimensión.

Cables trenzados, rayas que no cesan.
Las mujeres se agolpan. Los vestidos
se achatan, quién quiere remontar esa subida,
si son monos famélicos que desde la cima
tiran piedras. El traje en la ventana se ventila
y guarda, entre las fibras, las temperaturas de la brisa.

Puede ser que la muerte se introduzca esta tarde.

Puede ser que se anime, o que no le convenga.

Como esas rutas que atraviesan los campos, es
el mismo campo compungido atravesado por la
estepa aunque a esa altura ya haya surtidores, agua
en baldes de lata, remansos en la sombra.
Lo que queda de ahí es viento amable que a veces
trae perfume de fruta, de hojas de limonero, de
árboles de duraznos agrupados. Así la medianera,
así el silencio de la distracción y la distancia.

Pasa una nueva altura sobre sandalias libres que
lleva de otro modo la minucia. Y se desprende la
blusa en la frescura del color violeta. Pasa la luz
y filtra lo que el sol dejó en la fruta, más
perfume viscoso, el tiempo apremia.
Sólo el alrededor que queda en los
cordófonos cuando pica la tarde entre las aves.

Arma la rama que dice sólo Ahora.

Los vegetales se deletrean entre los dedos.
Las yemas que apaciguan al tacto del socaire.

A la textura de su crecimiento.

3

Apenas el contorno avanza sigiloso
la concavidad se ha vuelto de repente
Sonora. En horas de vaivén apareció
la síntesis del día que con minúscula
trama urde los nombres. Hostiga y palpa
la blonda cabellera, nada más que esas frutas.

Requiriendo la mano entre la lana,
lo único que puede verse son las curvas
amplias y abiertas. Una extensión
que sin color, se explaya.

El rumor continúa, renace entre los puntos
más lejanos. Necesita que vuelva por sus cauces
que vuelva a andar recodos del cerebro.

Lo que sostiene sigue
con la radio prendida
con el motor prendido
con el tiempo. La espiral
se reduce. Se reduce en
la espera interminable, en
el sitio inmediato al que
el esplendor provoca.

Incandescente, esa luz, encandila.

Desampara al crecer el vértigo en la boca
que cambia de intensidad, que está y no está.

Hay sonido en la mente. Hay respuesta a ese estímulo.
Hay rondas en la noche. Palabras como peces nocturnos
en la fosforescencia de un mar que no se toca.

4

Lejos, asoman partes de una redondeada punta.
La luz es de metal.
Azul el resplandor, entonces.

Y el olvido magnífico con el manto de oro.
Arrastra con su ruedo la penumbra. Enorme.
Quedan las hojas con el sonido último.
Allá en el fondo. Allá.

Sin embargo esa larga y esmerada sombra se parece
    al principio.
Al lugar inicial con tanta arena. Finísima en las dunas.
El mar todos los días móvil con su rumor. Recipientes
contra las paredes en inmersión profunda
el agua quieta. Calor desde esos cuencos reproduciendo
el sol, que pasa. Apenas acumuladas nubes sobre
    la línea alfa.

Esto es el tiempo, de repente mudo. Vidrio. Y mientras,
toda esa luz corpuscular cayendo, dorada, milimétrica.

5

Mañana el sueño repetirá la cifra.
Tendrá en los ojos extensiones
que prende en las raíces. A veces
nauseabundas. O híbridas.
Anterior a la gloria amarilla
que vendrá después. Ahora
que el espacio se ensancha a cada
rato, ahora, que el cuerpo da respiro
y el movimiento es otra cosa
como peces de vidrio, los sonidos.
Transparentes y rápidos cardumen
en la altura de la ola. Sobre la roca,
pintando de blanco las maderas. Verano
azul en rayas, mar, postigo.

Y en el agua los peces.

6

Salada, antigua fiesta. En la madera
escamas, tornasol de mica. Y la cara
de cuajo en un costado del bote de
sonrisa alargada. Y también van los
niños, con su fruta, su cara de damasco,
su futuro. Paralelo del aire el pensamiento.
Entre las líneas prefigura
el verano su espesura, el momento
en que atento devolverá sortijas.

Esa suma de pez entre la piedra.

7

Empieza la penumbra. Eso es ahora. Se hunde.
El esqueleto luminoso, fosforescente abajo.
Si no fuera porque la luz va bajando paulatinamente
jamás habría idea de esos colores, de ese espectro
lumínico que aparece en lo oscuro. Cilias, estrellas,
noctilucas. Una luciérnaga atascada en un nido de paja.
Los planetas de plata que en verdad son de oro.
Increíbles formas vienen de lo remoto
se presentan vívidas valederas vuelven a
presentarse con la potestad de su belleza.
La blanda oscuridad es receptiva, adentro
con canto metálico de élitro. Las noches del verano.
Pura concavidad, arena reteniendo una tibieza ida.
Desemboca en la edad, hondonada, silencio.

8

El muro transparente. Sostenido.
Bloque de vidrio en la ladera. Un nombre
más un nombre más un nombre.
Superpuestas ráfagas de pétalos,
leve ropa cayendo a contraluz. La voz
desde las trompas, desde Eustaquio a Falopio
con dicha de diciente. La esfera se mantiene
en su brillo pese a los trasiegos, a esa cosa de
greda erosionada. Cuela y pasa. Pasa, pasa.
Completamente convexo. Suena a hueco.
Perfecto en su metal gana la fórmula que
queda demostrada. A veces, filtra el
del más allá, de Eros, del denso frío
del agua cuando pasa. Abigarrado olvido
como esa espesa niebla que borra el campo
blanco en las mañanas. No estremece. No anida.

No recuerda.

El cemento en el fondo aguanta
con cordones que van deshilachándose en el agua
con ráfagas de viento. Se olvida porque
los dientes de león volando bajo el cielo forman
un espectáculo increíble.

Banderas
firmamento
motores que moderan
mordiendo la esquina
de la casa.
Inmensa noche afuera
Respirando.

9

Hormigas escondidas, el color
del musgo entre las gotas. Dificultad
para cumplir los requisitos básicos.

En la primera instancia se instala
esa compleja, larga caravana
que impone rozamiento.

No traga, se pierde en los dibujos
de la alfombra en los recorridos
del sonido que atraviesa con el
cuerpo presente. Se detiene sobre
pozos que el color enardece: oscuro
del grafito, plateado sobre un borde
de aguada, los altos matorrales espectrales
cuando la luna avanza. Fuga de perros
el verde, transformándose.

Láminas de animales con sus crías en el lomo.
La misma soledad de cada cosa hace
que el viento golpee una lata afuera.

Hace que adentro vuele como enjambre
ese vivo instrumento animal obligatorio
de ser sí, obsedido, borde,
el borde mismo, el borde.

10

La desesperación que da el granizo sobre los abedules
sobre cualquier frutal. Queda en la gruta encavernado
el fruto. El dolor de una siembra sin hacerse.
Lo que se resuelve va tan rápido que no se puede respirar.
Es tan veloz que apenas resiste en la retina la vibración de
una corola y la astringencia del verde marca un sismo.
Pasan y pasan y vuelven a pasar.
La luz es como un chorro, esta luz cenital que baña al fresno.

Al abedul lo define la palabra abedul en su blancura.
El útero cosido se ensimisma y de ahí es la entraña que gime.
Un dedo y el dictamen ya está echado.
Te acontece el futuro, Todo
será después.

Los higos en las cuerdas del fondo se secan al aire
en la colada. Es mi madre que se olvidó de mí en la rama.
Soy yo misma que me ahuequé en la palma. Tanto candor
en esas hebras locas que flotan en el viento del desierto
en la punta de un palo, con colores violentos.

11

No piensa en nada mira
la línea azul fundida de
un horizonte que empieza
a hacerse negro. Un animal
salta agita el aire como si fuera
agua al que alguien tira una piedra
en plena tarde. La belleza tiene algo
de inmóvil sobre el filo de hojas
recortadas, sobre ese cielo pálido.
Una bandada de tordos estremece
esa quietud de nada, aquella
apaciguada mansedumbre. Es el
tiempo que pasa, son las tardes,
inmóviles de julio.

12

Sobre la frente líneas
blancas rayas nervaduras
en el instante en que todo
empieza a parecerse.
Abstrusa memoria en diagonal
contra la lejanía resuena: unas
flores mojadas se vislumbran
a un lado y de fondo retumba
la incondicional materia de la
estepa. La luz en retirada
abruma. Lejos un poncho,
una garza rosada. De todas partes
resquebraja crujiendo la dicha en
cristales que dan tono, sonido al
día cuando empieza a cantar el
agua por debajo. Resume las
ráfagas del verde. La vibración
de savia, el ansia, pura.

13

Inmensa la llanura
llama al día en sus
rayas de increíble luz
cuando la brisa empieza
por los montes, más allá
en la laguna. El tosco
movimiento de las matas
recoge de las puntas resplandor
emanado del cuenco y retrocede
abre los ojos; cae; despierta
en resplandores Amarillos.

14

Oscurecido páramo, silva el viento,
se arrebujan las vacas que mugen
desde un miedo ancestral. Brota
y gotea estática luz gris para solaz
del mar que se estrella con ahínco
en rocas de la orilla. Cascarudos
creciendo desde un suelo terroso
mantienen presa la mirada el corazón
en calma, la estepa en su lisura. Cantan
los sauces en la tarde, las hojas plateadas
de los álamos aúnan su susurro reuniendo
espesa nitidez –tiempo en estado puro–
ahí, eternidad que se recorta.

15

Las garzas levantan vuelo en la
laguna y con sus patas van arrastrando
violeta sombra esa rendija
que el cielo presta en muselina
suavísimo género flotando con las
últimas luces. Sobre el monte
se intuyen cactus espinosos
zorrillos ciegos atentos a la noche.
Toda esa lejanía, en la palma.

16

Árboles deshojados
en la luz gris de un
día intacto, agua en
el vado y lagartijas
sobre la piedra áspera.
Manchas de líquenes
olor a clorofila.
Agua cenagosa
enredándose tortuosa en
el paisaje que se adentra
en Humores. La filigrana
de la lluvia en el pasto sostenido
en petunias. Pasa un avión
un carro con las ruedas
mojadas. Se adentra
en espesor un paso más
la boca mora en
comisura ardiente.
En desgajado pasmo de raíz.
Se clava a la cesta verde
abrojo devolviendo
una dicha que salpica las
medias de algodón. Una dicha
que casi puede masticarse.

17

En la silla turca de la mente, con chirrido de hamaca
tintineos de voces que pasan apenas esbozadas. Desde
el mando una mano pernocta y cuece habas, los nombres
no entran en la línea del hilo, golpea de adentro la felpa
que opaca la concavidad del rezo, vuelve chistido
el ruido en la garganta cuando ahoga. Desde el
ovillo crece pelusilla, escapa por la escápula
resurge en las inmediaciones, vuela sobre el pretil
en medio de los rieles. Manantial es la masa de tiento
–pienso sin verde– maleza –tapa– soslaya
maldice –albricia– en largos huesos

y después, la magnolia.

18

Desganada tibia penumbrosa al rumor se resiste.
Y viene en cántaros dormidos de antemano la salazón
el brusco resplandor de días difíciles. Canta en la distancia
un bucólico conjunto de sapos oscurísimos, que en el
tumulto de la tarde se entretienen con hojas y el aire
que las mueve. Hunde en el paladar su manto, una
mano que cae desde la foto, unas manos cruzadas con
anillo, las manos una beba en el retablo. Los recuerdos
son parcelas autónomas y la fragmentación hace a la marca
tres niños bajo del espigón de proa, las rocas
labradas en las que una vez se hizo la sal, y el viento
que es el mismo que orada cada tarde sin que se note
la modificación de esos perfiles. La serenidad es la
guarida que acierta con el tono, la que otorga en racimos
iguales. Pero hay otra cosa sin embargo, otra cosa de allá,
que no se nota y pesa en el grosor de la pestaña, una cuerda
al tañir, un halo oculto. (El ojo de dios entre la cifra.)

19

Las flores vistas de arriba se vuelven rayas
resplandece la combinación sustentada
en la antesala de lo que probablemente
sea. Y en los entres transcurre lo líquido
que da posible desde un búcaro. Sin ser
algo necesario –menos imprescindible–
vuelve sobre un rastro lejano, vuelve
desde el Brasil y llena un recipiente opaco
que se parece al asco. Sube, atisba. La
conveniencia es sorda, no ilumina. Se
suceden rebozos, terciopelo, pelo liso
vislumbrado en los gozos de la llama
en la gruta. Revolotea en Minerva, batallas
y batallas perdidas se renuevan en latencias
donde la tersura pierde indefectiblemente. Esta
tarde –y ahora– los hilos restan de la cena, en
horas largas en las que quizá percuta alguna
idea de algo que pudo parecerse al filo de la
sombra en las hojas –murmullo estremecido–
en un tremor de sí, que se saquea.

20

Demasiadas, a veces, tiene eso. Quedar en estupor
de hilo, enjuto, entre. De muchas más, de tantas,
que ni el nombre retiene, oh! el dolor da el anclaje,
los puntos débiles del flanco! En filamentos vibra
–capaz– de todo eso, salen lascas. Prosodia desde el plexo
en redoble, vergüenza debajo del zaguán, impotencia
    la línea
que dibuja la mesa en las redes de un día con la velocidad
    del cielo.
Ese punto donde el dardo es ardiente. La flecha atraviesa
    el corazón,
lo ensarta. Ah! *Delicada cruzada esta delicia*. Pasan
    en nombradía
y entorpece ceguera con tambor. Traspasa lo lineal
    mezclando
distribuye cuotas, toma la pelusa que aspira, tensa el cordel
que queda hilvanado a lo que puede parecer esperanza.
Y sin embargo reza.

21

Largo, nudoso, más bien fino, no cubre lo que yergue desde
 antaño y
empieza la panoplia de alambicar la trompa de Eustaquio
 saboteando
resquicios de la tarde, manchas de aceite sobre superficie
 lisa, rayas
de un color que se sostiene. Falopio –desde una esquina
 muda– pide
o crece. Al cielo desde ahí –idea de patria– un centelleo,
 luz acumulada
esa aura que traga las monedas de la devolución, salpica-
 dura,
hilachas de entusiasmo suspendido.

22

Las preposiciones vuelven a articular
en las preguntas inasibles, *para qué* o *todavía*, también
otras cosas como *de vuelta* adyacencia al escombro del mar
entre las piedras, la sal en las narinas, cuando se camina por
    horas
con la sal en los ojos, el pelo humedecido por la sal.
Aún, la servidumbre se vislumbra para el paso
al campo oculto, servidumbre de paso, *y si no paso*,
el fondo, *esto es el fondo*,
las rodillas heladas, la intemperie.

23

Sí de dentro, ostracismo.
Vanagloria el tendón la
estirada tensión de la antepierna.
Cúmulos en las ramas puntos
luminosos en la tensa urdimbre
de la noche que avanza. Definirse
en los brotes, los repliegues de
esa sombra punteada por la lumbre.
Dentro, dentro.
Vaciada de creencias solamente
el temblor de *dentro,*
dentro.

24

La luz se agolpa. Se distingue en las franjas oscuras
de la noche. Si se excluyera al tiempo
–lo que media entre la luz y esto– hubiera sido
exactamente eso que se produce a veces en el cielo
y queda colgado de la cúpula: un hilo de oro,
un velo en vilo. Decir que no es agrandar la lista
sumar para ese lado de vectores inertes. No
agregar a la rumia obsedida, no girar a ese
pasmo de las ruedas en grilla. Salirse de cartones
sin esfera, sin sales. Oír de tanto en tanto cuando
dice *dentro*, en algún lado dice,
dentro, dentro,
vértigo, moscardones.

La edad toca con el índice el borde romo el recorrido
del viento en los oídos; hay ladridos, hay escamas
que muestran la iridiscencia de la luz, ladridos
en lo hondo de la noche, hay viento.

25

Hacia adelante una explanada se descubre
a ambos lados de la senda. Las escaleras y
lo escarpado de la roca se guarda en la atmósfera
sobre el campo que parece vacío. No vienen
porque no te concierne. Lo que queda
son hojas batiéndose dentro con
el aire que a veces se nota combado y fabuloso.
Salirse de la voluntad es algo así como dejar la
ropa doblada y junta para entrar a otro lado. Un hábito
de monja encapuchada que raspa por lo áspero. Y hace
llagas en la piel más suave. Lo brioso del caballo entre
verbenas, las maderas devolviendo la gravedad de los sonidos.
La cavilación se da entre ahí.

Sí, la anacahuita sabe algo entre ese ramaje desparejo.

Se licúa todo esto de la línea y el presente encandila
    de frente.
El útero tiene esa voz que canta al campo abierto. Añoranza
de años es lo extraño cuando la pierna te convoca. Las valvas
sostienen la corriente en la orilla como un filtro sonoro sin ese
acantilado desde arriba. Se recibe pleno el amarillo que llega
a los ojos cerrados con fuerza y alegría como
cuando de niños se espera una sorpresa.

26

Si en la fosforescente cresta
zigzaguea la rama
el aire se vuelve una
encerrona la claridad
del pavimento pasa
aunque sostenga brutalmente
la figura. Habrá astros mínimos
partículas iridiscencias
sustratos conexiones
peces diminutos de mercurio
imperceptibles descargas
en los muslos
arañas traslúcidas y blancas
haciendo filigrana
nubes que pasan por la altura
llevando las tormentas en esa
constitución que no repara
–paz, habrá paz– habrá
en la altura en ese puñado
de nervios como alambres
amarillos savia caracoles
luz y sombra en las ramas
árboles creciendo
–escúchalos escúchalos–
escúchalos crecer

–hojas bullendo–
bermejo centro
que percute
y que llama.

27

El tiempo de la foto está parado
quieto el gesto en alto crisantemo
cenital para luego. En su arquitectura
milenaria ese arco dura su piedra concentrada:
la misma arquitectura que hace de un padre
muerto esta estructura. Y guardo como espejo
una espalda alejándose, yéndose
a esa tierra de abismo que hace de límite en la
remota velocidad de los cometas.
Se desprende un recuerdo
entre capas de sueño desbrozado; esos días
en que no alcanzaron las cinco flores de la lengua
–la infancia– y ahora mismo –Ahora –
se desfibra la luz con la idea del futuro
como una raya blanca curvándose
un poco más allá. Ahora
–que el futuro ha entrado en resonancia–
lo que se cierra cae como lluvia de fuego cae
en diagonal a la esperanza. Y quizá es eso
instante reverberación momento
aire alcanzado por la luz
enorme condensada.

28

Ruido de caracol alza en la noche parte de un refugio
atisba: ramas crujiendo bajo un pie en la arboleda,
golondrinas contra el fulgor del cielo, murmullo de hierbas
ancestrales en las lindes del bosque. De aquí y de allá
un arrullo, una mínima gota, los nimbados horcones de
la lluvia. Se han pasado por alto los tumultos del hijo y
de la madre, las telas aviesas de esos cantos que no detienen
el carro ni la ortiga, fiebre en la frente, sueño mutilado.

Gira sobre ese pie que une la corteza a la mente. Gira
sobre sí mismo, recibe el aire que mueve las acacias, y
hay algo que no llega jamás del aire y de la acacia. Llueve,
y la lluvia del espectro se aparta. Rememora a los muertos
cuna de pino, perfume de resina. Avanza un poco más
sobre su propio paso, ínfima línea para el fulgor
derviche y muro, hilo de sangre en la mejilla cuando apenas
alumbraba el mundo, cabeza contra el vidrio
recupera, comparece, pernocta.

29

Hormiga trabajosa, ennegrecida
sube ese tronco antiguo, retorcido.
Busca de las vellosidades a la pulpa
sigue, extrae el alimento y guarda.
Celdilla, sacrificio. Alegría en la rama
cuando el verdor vislumbra. La raíz
bajo la oscura tierra se sustenta. Corre
una algarabía, zumban
panales y todo sin película, sin trama.
Se dobla un pie en el sueño primero
avanza el heliotropo hasta tapar la cerca
visto de atrás un hijo, de repente
hace que el tiempo agolpe la esperanza
inocule al momento entre dos aires
quieto. Musgo lapidario en la curva
del hombro enfrenta el filo y el tiempo
incandescente se vuelve al largo de la espalda
se condesa. La serenidad colma
el silencio y baja desde algún sitio
en gestos, en alguna minucia imperceptible.

Entre chasquidos, mueve el nutricio corazón
oscuro el hueso
de la mano, lo que enerva el tendón,
viaje a la antigua condición mortal, no la solaza.

Allí la enraiza en un reiterativo prolongar
que suena con la vibración de una campana
cuando inicia el sonido, aire cimbrado con metal
sobre juncos flota nítido, insiste
el celo en las raíces lodosas de lo verde.

Más lejos discurre la vida como si todo esto no existiera,
las mínimas rebajas de las aguas, el tronco, el bullicio que
el ácido ejerce en la pinocha, arácnidos pequeños
    sorprendidos
por la brisa. La edad agrupa molinetes y hay un arco que cede.

La garganta hasta ahí, el pálpito de oír
y de tragar, muda la color
que anega, algo se estira.
Y en la punta del pie se balancea,
en la punta del pie, todo comienzo.

30

Por ejemplo: el calor. En cualquier parte del día
incendia la columna, llena de agua pliegues, recovecos
de los que se desconocía su existencia. Sí. Sí.
Aparecen membranas mientras va cantando el día
y todo lo que está, florece. Olores. De las flores, orín,
olor del corazón bombeando negro apretujado ya falto
en su raíz. Sí, olor del miedo cuando joven la grupa
por el monte fulgía. Sí. Y más acá paisajes, con aviones,
los ríos dibujándose en el mapa. Todo el ras de la tierra
en polvareda. Más miedo despertado en los incidentes de
la tarde. Ah. La definición se ve impelida el tiempo
pasa sucediéndose en tramos, extremos, la música disuelve
los huesos de los hombros, los pequeños omóplatos. Esa es
la unción de los pezones incipientes un día, raya, la foto
mantiene la espalda en presente infinito frente al agua.
Ahora en la voz, ahora en el cuello que se cede, en el calor.
Traicionero. El cuadro de Brueghel desplegado en las tablas
donde pasa a la vez, todo. Simultáneo. El calor,
los montes de hace un rato desprendiendo olor a matorral,
un poco de sangre en la corteza colándose hacia abajo. No
hay resultados, todo es, al mismo tiempo.

31

Sin intención. Digamos despoblada.
Interna, adentro, exclusa, inexplicable. Sí.
Inexplicable y sigue. Sigue sigue. Siempre,
esa palabra que perdura, que le saca el tiempo
a lo demás, queda en la línea inerme de presente
que es blanca. Cielos rayados en la noche, campos
cruzados a traviesa. El dolor en pañuelitos ciegos
guardados en el cofre. Ah. Adviene, inmensa ola.
Curva la noche igual siempre apabulla, entre tanto,
el adentro prospera en el gerundio nadie sabe hacia dónde.
Porque se puede presentar cardumen y empezar a manar
sangre de golpe. Puede ser. El ruido de un gong, una figura
inmensa o aureolada. Explaya, expande. Y deja de importar,
las demás cosas, el plato con las hojas de menta la lengua
los ojos que llegaron presurosos a ver qué sucedía, si había
ayuda posible, dónde. Era. En la premura de las horas, ese
instinto secreto que guía a los mamíferos a su alimento
primordial. A las madres detrás de los camiones que reclutan
los hijos, Deméter caminando por días sin parar y sin agua
cuando la tierra se cierra detrás de los aullidos. Ah. Y los
coros con las manos unidas. No hay bendición ninguna en
ese rito, solo repetición, idolatría, sólo el mando que eleva
la continuación al infinito. Entre tanto, y dentro, interno
    misterio,
indescifrable. Atrás silencio. Y atrás, lluvia que cae.

32

En la otra punta de la línea se balancea la impotencia.
Pero en medio está todo. Pugnando por su forma imposible.
Acumulándose en el producimiento interminable. Se huele
se oye el ruido de fondo que acelera su pulso. Emerge
de los sueños mezclada con la niebla en jirones, crujiendo
de asombro en la penumbra. Acunada, y el diálogo
amoroso que descansa en la paz del laurel. Preferís el mes de
tierra removida como marca el recuerdo y esa voz
que se escucha en los andenes de alta velocidad repite
no te creas –no te creas–
no te creas– no te creas. Se sostiene porque la sola vida la sola
manera de estar vivo ha dictado esa cifra. Que gotea en
la especificidad del tramo. Aparece en los ojos la perdición
justo cuando la enfermedad daba la vuelta.
La proyección tira del halo más allá. Que jala. Ya nadie
   sabrá nada.
Solamente retumba la voz de los andenes al compás del
   zumbido.
Y parece que dice Chajá! Chajá! Chajá!

LUGAR

JOSÉ KOZER

I

Retrato de familia

Un largo sueño de verano donde se ha detenido
    el tiempo al atardecer: la
    mesa de caoba apolillada,
    las esquinas desbastadas
    justo por el largo tiempo
    transcurrido, dieciséis
    comensales día a día
    durante aquel largo
    verano, no llovió, nos
    sentamos en dos largas
    bancas en parejas, ocho
    delante de ocho, vino
    rosado, veneras curadas
    en limón, grandes vasijas
    de cristal (baratas) con
    guacamole, galletas
    cortas de sal: y al fondo
    la bahía, a la izquierda
    las lomas, a la derecha
    se iba por un recodo al
    otro mundo, es decir,
    otros mundos visibles,
    no había que imaginar
    nada macabro, sólo
    utopías: europas
    infinitas, islas apacibles,
    orillas para echarse a

andar y sentir cómo
los pies se enredaban
entre sargazos, algas
secas, ulvas rojizas
tocadas de celajes,
pequeños crustáceos,
alguna jaiba, algún
cangrejo de río
extraviado (¿cuál de
los dos se asustaba?)
a la orilla del mar.

Cantábamos *afreilaj*, una y otra vez el mismo: el
gordo con voz de barítono
se emocionaba y nos
entraba la risa (estival):
hora de los vencejos, y
el último pregón del día,
un cántico modulado
de fervor y de inaniciones
anunciando jureles,
chanquetes, conchas
finas, chernas y pargos,
jaibas azules, ostiones
grises, besugos y
veneras, y de los
Mares del Norte
bacalao, abadejo,
sábalos inmensos y
unos esturiones del
Baikal que recordaban
un momento de
Guerraypaz.

Un trastorno y cómo marca, se vuelve inconcebible,
la felicidad.

Fui yo quien se puso de pie para vaticinar nuestra
dispersión: aguafiestas
me llamaron, y yo pedí
que no cerraran los
ojos, que tomaran
medidas, les recordé
lo ocurrido hacía
treinta años, y aquél
de la voz de barítono
me mandó a callar
resoplando que la
historia jamás se
repite. Dios me libre,
grité, de los idealistas,
que yo por mi cuenta
me libraré de
aprovechadores y
materialistas: aquel
verano, de vuelta,
hice mis maletas, me
despidieron con salvas
y la mejor voluntad del
mundo, lo agradecí,
unos meses más
comieron perdices, y
como yo me había ido
a mí no me dieron. Y
conocí las nieves que
ellos dejaron atrás, y
mientras se mantenían

en sus trece aprendí
a mercar, a pregonar
mis mercancías, no
fui ni feliz ni infeliz,
cogí camino por mi
cuenta, y mientras
yo leía los libros
ellos repetían
Salmos y Proverbios
en hebreo, Eclesiastés
y algo de Job o Ester:
todos murieron de
idéntica tribulación y
en parejas, hoy por
hoy sólo yo el Iluso
los canta y cifra
sentados frente a
frente extendiendo
los brazos (regordetes)
para darse la mano,
asir penumbra al
atardecer, sombras
caer, tinieblas crecer.

II

Locus Amoenus

Aquí el sofá, ya desteñido: sitio preñado, y no sólo
    su estampado (nomeolvides)
    (Miosotis) sino las tardes
    en un cuerpo a cuerpo
    estampanándonos contra
    el respaldo alto del sofá
    (nomeolvides) (Violeta,
    penetrada) muslos de
    compás abierto al compás
    de nuestros movimientos
    (**staccato**) (**staccato**)
    (corrientes aguas, ¿puras?)
    cuatro espesas intermitencias,
    Guadalupe, y saliste de mi
    fundamento, más empreñada
    que el huevo de Colón, o
    mejor, del huevo original
    del Caos: de la cholla al
    dedo gordo del pie, Amor,
    creció en progresión
    geométrica un rastro de
    almuerzos y entrepiernas,
    más sílabas cantadas, y la
    copa de vino (tinto) que en
    nuestro sano juicio libamos
    por mor del buen ritmo
    cardíaco, bajar el colesterol.

Ameno lugar, el sofá cama; pradera feraz la tabla de
planchar (repasar ropa
blanca) (día jueves) el
dirimidor de números
dos veces por semana
ajusta debe y haber de
modo que el saldo nos
libre de la coz que te
da el mundo cuando
la deuda supera el
caudal de ingresos.
Vihuela. Y tú, **locus
amoenus**, suites de
Bach tarareando tras
oírlas una sola vez,
oído que tienes m'ija
(risueño oír pensativo)
acostumbrado me tienes
a llenar el ámbito de la
casa con tu fino oído,
sílabas de la Caverna
rememorando. Tú,
musical; clavícula basta
(yo) engastada a un
costillar vacuno, boñigas
soltando: eres pez de
gasa tenue reverberando
en un estanque al
mediodía, y yo polisílabo
escriba me paso las
mañanas encabalgando
barrabasadas. Penetrar.
Arrebujarme. Olor a

resinas, eucalipto. A
fondo el almizcle (goma
arábiga, transpirar) (tiza
en alto ver desmoronarse
entre mis dedos el yeso)
oh querer permanecer,
Guadalupe adentro. De
ojos entornados. Matriz.
Ab ovo. Y abrevo. Cual
principio. Modo fetal. Ah
la fontanela rezumando
óleos ungidos a la hora
debida, chitón. Salto
atrás, renacuajo y
resurrección.

Adentro: ovillado en tu ovario solitario, izquierdo o
derecho no recuerdo,
caer inverso ahí de
espaldas (recogido).
Oruga, de sí; contrapeso
propio. En tu interior
oído, revenar; injerto,
afín. Revezo ahí de
la casa: lo audible
norma nuestros tanteos
digitales, de trasfondo
en trasfondo, titubeando.
Ajustar lo visible a una
frugalidad que nos
eximió de numerosos
contratiempos, día
a día entregados a

enmendar lo consumado,
para seguir remiendos
consumando entre enredos
y desenredos, sartal de
palabras. ¿Sordera? Y
qué si no pasa momento
en que no me allegue
silbando a tu trompa
de Eustaquio, de revés
enredarme (acogido).
¿El yunque roto? Da
la vida, martillazos. Y
qué si entono mis
cacofónicas melodías
(sabor a ti) apechugados
(caracol, adentro) más
sordo (yo) que una tapia,
y qué si estoy bailando
contigo sobre un ladrillo
(**staccato**) engastado en
los conductos semicirculares
que nos transportan por
prados, florestas al sitio
(**locus**) de sitios
(¿**amoenus**?) donde
(tozudos) (par de
poltrones bostezando)
nos sentamos en sendos
taburetes frente a frente,
dos pasas envejecidas,
copas labradas sobre
un tocón, la escudilla
de majagua repleta de

aceitunas gordales
(acerca el rostro, por
favor) los huesos
intercambiando.

Logos del sitio

En el subsuelo de casa las norias vuelven a predecir el viejo
	tamaño de la erosión, sus
	pájaros: yo los ausculto.

Moriré, al pie de un copioso eucalipto (lumbreras) en la
	esquina de casa (lleno) de
	nidos (ramificaciones).

Adviento me guiará a las norias del subsuelo en los
	campos: las heladas apresan
	el calcañar de las vacas (se
	zarandean) (inútil) un titubeo
	de lenguas (paladean) la sal,
	de la nieve: cúpulas nevadas
	sobre la antigüedad del heno
	sobre la recóndita simiente
	(enhiesta) de la yerba: mis
	huellas, entre las vacas.

Soy Cuaresma, su rubio aspecto: un mazo vivo de
	orégano. Un ala verde la
	fiebre (circular) voz de
	revés el eco en la pupila
	de las yeguas.

¿Por qué hablo de mí (grumo) que regresa siempre a
    morir? Vuelo nupcial de
gorriones (alzan) mis
prendas de vestir en
carne viva (túnicas,
sus gorjeos): fuera,
yo canto (conmemoro)
(día y noche yo conmemoro).
Saetas (mínimas) boñigas
del asno elemental de Dios
(no se cobija) semen pardusco
de renovación las letras (letras)
ajenas a todo número: manchón.
Borrasca. El aire invernal se
llena de fuego (inmemorial)
traspasa el subsuelo (cuajan,
a su raíz las carnes): repletan
ya las oquedades (vacío,
horror) senos, el humus.

Cimientos, de la casa: vivas norias de trituración.

Origen, de la mampostería (tabernáculos) mojinetes: una
    veleta. Llenan el aire (conmigo)
los espacios accesibles, del aire:
soy su cimiento, revestido.
Sombrero de copa que me
impusieron deja una estría
sobre la tierra, fugaz estrella
los remiendos de la (carne)
tela: huele a almizcle la
camisa (índice) doble de
mi madre cosiendo

(remienda) el aire (pega)
dos bolsillos blancos
(chorreras) me desgajo:
figurín, delgado. Silueta.
Mi aspecto invernal
reconstruye un viejo
monograma (sepia,
almizcle) dos letras
(intercesoras) la
adolescencia.

Y es mi visible figura en vuelo (letras, nupciales) letras,
    orientales: soy **gimmel** soy
    dalet (**jes**) un torbellino
    oriental (**yid**)(**yud**)de
    alfabetos, se hizo el
    mundo. Desciendo
    rodeado de vivos
    insectos estivales
    conformados trópico
    (Isla) besado (estoy)
    de gorgojos.

Nací entre dos casas (icono) (verjas) al pie de un traspatio
    nací de una ceiba, se ha
    quemado: rayo que la
    partió, mi casa (espacio,
    incandescente). De mi
    gemelo (Egipto) nací.
    De papiro. No renuncio
    al más mínimo espacio
    de mi nacimiento (nazco)

en la casa de la corpulenta
ceiba (enfrente) hace
esquina: Sión; está en
Sión. Soy hijo de las
vegas en su linfa se
desenredó el vientre
de mi madre, nací:
murió en su pus del
amarillo de su muerte,
he brotado: (es) su
muerte la lámpara que
quema (cera) virgen,
toda la noche: madre
cerúlea (rehaciendo,
una casa).

En la esquina un eucalipto de tronco inabarcable (leproso,
 tronco) sus manchas, un
 vaticinio: es lo habitual.
 Sus ramas blancas
 despiden en la noche
 el intrauterino almizcle
 de la interior (bodega)
 mi madre.

De tierra en tierra me ha guiado (estoy) en el lugar habitual
 de los muertos, la cebada: lugares
 de pan rojo (barbechos): vivo.
 Sobre el granito de los páramos,
 entre gentes venidas del otro
 lado de los ríos (juncales)
 (florestas de cañabrava, las

       tejedoras) mi madre me
       mostró (índice en alto) la
       casa: y me nombró, mujer.

¿Para quién? Fui por ella denominado agua, ajuar, madre,
       nodriza (aya) de los carpinteros:
       construid (reconstruid) al hijo.
       Del brazo me guió por un espejo
       a todas las casas (diáspora) de
       resurrección: pan ácimo, me
       he visto (heniles, de levadura)
       mujer.

Somos dos (dos) somos: con certidumbre.

La verja cimentó ha puesto las molduras parecen pentagra-
       mas
       (sonetos) flora virgen de corcheas
       en alto: música de las esferas los
       techos de casa. Ya nos procuró
       las habitaciones: las conmemoro;
       en mi mujer conmemoro la
       oquedad en los ojos de los
       daguerrotipos los cuencos
       de la musicalidad precisa,
       del barro: nada, nada. Una
       olla hace redondo al mineral
       (azogues) la olla (nutricia)
       madre (real) (real) en la
       cocina: seis vasos una jarra
       azul el gallo mudo en su
       medianoche, sobre la valla

(incrustada figuración en
la jarra): azul.

Me asomo: esto es lo cierto, un traspatio. La ceiba. El
lebrillo: agua serenada. Agua
que golpea gota a gota toda
la noche (verdín) el lebrillo:
al pie de la tapia (plumbago)
azules centellas.

Allá (más allá) los pastizales: mastican; seres cuentan
miríadas (murió, mi madre).

Su muerte (habito) al morir (yo yo yo yo en su nombre):
abajo (ya) aire o subsuelo, no
hay precisiones; nada fijo: ceiba
o invierno, estival o abedules,
nada es fijo. Está la casa abierta
de par en par veo crecer aperos
de labranza (escribanías) enseres
de cocina: el centeno se ha
esparcido (veré) la ceiba
(instrumental) (frondosa)
copia, de mis letras: su vaho,
cotidiano. Besaré la caoba
de mi país la ceniza ritual
(la palma de la mano a la
cabeza) veré vaciarse la
videncia animal de las
vacas, en mansedumbre:
y se llenarán los senos de
la tierra (subsuelos): viera

yo hilar del vientre de
mi madre (pared) (vano)
(la hilacha del centeno,
en sus talones) de la
hecatombe de sus
levaduras (techo)
a dos aguas.

Los dos paraísos

Nunca se vio tanta flor (blanca) fruta (roja)
    redondez del querubín:
    fruta varia, tres tamaños,
    jaspeada, cuatro colores,
    el cuarto a veces violeta,
    a veces negro, en el
    pomar.

Y aquéllos que la recogen colocándola en
    serones de mimbre
    a un lado del camino
    de tierra mastican
    ajo, se sientan a
    almorzar pan negro
    con cebolla morada,
    cerveza colorada.

¿Son dioses? Son voces. De ambos sexos
    dirigidos por un capataz
    andrógino, las bayaderas
    animan a la recolección,
    los alfareros golpean
    descalzos la tierra roja
    con sus pies ora piedra,
    ora cáñamo. Hulla. El
    toro blanco mira la
    escena, indispuesto.

Sabe que al menor
movimiento, el brillo
en los ojos, la presencia
renovada de su furia,
el capataz lo convierte
de un tajo en buey.
Buey veteado, de astas
dobles (doblegadas) y
lentitud.

Los sabios se sientan con sus túnicas raídas,
abiertas, el taparrabo
a la vista, a discutir el
estado real en que se
encuentra el Paraíso.
¿Sabios asirios o
hebreos? ¿Pardés?
De momento, indecisos,
concuerdan en que la
recolección ha de seguir
adelante, pasar la fruta
que fuera flor a las
espuertas de polietileno
con dos o tres asas.
Lustrarla. Almacenarla
para la reventa al mejor
precio, por mayor. La
fruta del Paraíso para
el comprador, ajo y
cebolla (pan negro)
(aceite de cártamo)
(bellotas) para el
agricultor.

Echarles los perros a los dos querubines a la
        puerta. Perros rojos. Ahí
        llevan una eternidad con
        sus espadas flamígeras
        mortificándonos: no hay
        quien pase, no hay quien
        salga, fruncen el ceño
        en cuanto las bayaderas
        se abren los vestidos,
        las ajorcas relumbran
        en las pupilas de los
        cosechadores: apenas
        comen, todo lo critican
        los dos querubines
        (¿para que Dios calle?).
        Tildan la fruta, la flor de
        la gestación, de impuras.
        Se vayan. Y en su lugar,
        a expensas de los
        interminables ciclos de
        la perpetuidad a que
        estamos acostumbrados,
        nos atiborremos de
        manzanas (menguados)
        semen su flor, méntula
        su gajo, dos semillas
        dos negros escrotos,
        al pie de la puerta
        (afuera) el camino se
        bifurca, se desenreda
        para volverse a enredar,
        tumbarnos a la bartola,
        paraíso perdido, qué

más da, a la cópula,
a la gula, y santas
pascuas.

Los dos reinos

¿Qué
se
despeña
en
el agua que no es agua? Y sin embargo, la sed se calma,
        pude cruzar un desierto,
        me sobraba certidumbre
        y he recuperado el bullicio
        de sombras (voces) que
        me acompaña hace años.
        Un bullicio que no me
        descalabra. Siento, cómo
        decirlo, dicha. Está bien
        eso que ahí se despeña
        desapareciendo en el
        agua. Materia: no sé
        cuál. Sonido: nada
        concreto me dice.
        ¿Aviso? ¿De qué?
        ¿Qué hay, habría que
        avisar? Cruzo el mismo
        desierto acompañado de
        las mismas sombras, de
        carne y hueso mi mujer
        y yo, apartando en
        silencio nuestras propias
        sombras, auténticas

familias componiendo
generaciones, un paso
al frente, tres pasos atrás.
Y al rato ya estamos de
regreso. Puertas y ventanas
de par en par. Intercambiamos
unas pocas palabras, tomamos
las decisiones de rigor que
facilitan el funcionamiento
del día, con el menor esfuerzo
rebatimos las sombras y en
su lugar recuperamos datos,
hechos, objetos, unos espacios
delineados, horarios fijos, la
alegría menor que se mantiene
de espaldas a lo sobrenatural.
Nada más natural que estar
aquí. El agua que corre en la
pila del lavabo o del fregadero
sólo posee una naturaleza,
nada procura, y siendo lo
que es, no responde al
llamado espiral, vertiginoso
del Hades. Los metales. Las
materias fecales. Del agua
la tautología es una dicha.
Tal hemos comprendido,
y ya no es necesario
corroborarlo. Terminé
de afeitarme, cantando.
A voz en cuello. Tenor
de amplios espacios
escenificando dramas
de barbería, con una voz

que quiebra los cristales.
¿Qué te parece? ¿Yo,
tenor? Deja que acabe
y nos sentamos a conversar.
Buena esta historia,
¿verdad? Una sola ojeada
y todo está en orden. Platos
secándose en el escurridor, la
cuchilla de afeitar secándose
en la encimera del lavabo, ni
mi mujer ni yo tenemos sed.
A estos jardines colgantes
vamos para sentarnos. Datura.
Campánulas. Y glicinias:
atravesamos esas cascadas
de lianas, flores silvestres,
pétalos repentinos que
brotan o caen, hileras
horizontales de madreselvas
sumidas a los muros, un
acontecimiento su aroma.
Sentémonos a mirar. En
la sala fuerzas de gravedad
tejen sus mallas en la
pared encalada mientras
permanecemos boquiabiertos
ante una misma fuerza de
gravedad que nos adentra
(afuera) en la espesura
de grutas, frondas, aguas
colgantes en un país llamado
(todavía) Babilonia. Estamos
sentados dos veces dos
adentro. Afuera y dentro

                    las sillas de mármol, sillas
                    vegetales, óseas
                    conversaciones, palabras
                    intercambiando agua por
                    aire, arena por la alegría
                    natural del día que se acaba
                    de iniciar. No se forja nada
                    en ningún lugar. Unas
                    primeras actividades se
                    llevaron a cabo, y tras
                    entrar y salir dos veces,
                    aroma de una tisana, olor
                    del pan negro tostándose,
                    voy poniendo la mesa,
                    saca por favor la servilleta
                    de hilo de Cuba, ésta va
                    aquí: en el justo centro
                    donde se cruzan los
                    ejes de la sala y los
jardines
colgantes
de
Babilonia
coloca
de
mimbre
por
favor
a
tres
colores
la
cesta.

III

Lugar común

Es una consideración, eso sin duda, pero hay otras,
    por supuesto que hay que
    tomarlo en cuenta, no
    faltaba más, ahora bien,
    no todo lo que brilla, ni
    que decírselo tengo, por
    ahí no va la cosa, al
    menos no del todo,
    así bien, porque
    también, bien mirado,
    considere, no, no, de
    acuerdo pero, de algo
    hay que vivir, fíjese, en
    cualquier caso, escuche,
    escuche, hasta un niño
    de teta estaría de acuerdo,
    dele la vuelta, verá que
    el resultado es el mismo,
    a veces un buen sopapo
    es más efectivo, seguro,
    seguro que no siempre,
    dije a veces, son demasiadas
    consideraciones para una
    sola cabeza, acaba uno por
    hacerse mala sangre, ah no,
    yo considero que no es
    necesario, al menos no

del todo, acaba con la
salud, mata al más
pintado, cierto que son
otras épocas, hay que
atenerse, aquello de que
la letra con sangre entra,
pues sí, puede ser un
remedio, verdad que
hay otros, concédame
al menos que no siempre
sangre y tinta andan
reñidas, todo depende,
yo ahí lo que le digo es
que no hay que andarse
con chiquitas, duro y a
la cabeza, perdone, no
es que yo sea de la vieja
guardia, lo soy, lo soy
pero hay cosas que
nunca cambian,
Eclesiastés, el pan pan, el
vino vino, peras y olmos,
pero hombre pero hombre
usted arrima demasiado la
sardina al ascua, vaya
actitud, no puede ser,
que no, que no, yo mis
barbas las tengo siempre
a remojo, y eso que soy
lampiño, todo mental
como dijera Eduardo
Espina, genial, todo
mental, sí, puede que

sí, quien quita, va y lo
que cada cual considera
en un momento
determinado obliga
la realidad a ajustarse
de modo automático a
esa consideración, todo
entonces tiene un carácter
mecánico, deplorable, o
va y no, la población de
las flores la hago aparecer
y desaparecer a voluntad,
y el orden más estricto es
estricto desde mi más
estricto sentido del
orden, una fauna
invariable, un número
fijo, un sistema de
transmigraciones
inamovible, un final
prefijado, ah por favor,
no venga a darme la lata
con el libre albedrío, no
digo que sean jerigonzas
teológicas, lo que le digo
es que, pero oiga, no se
sulfure, escuche, se me
cierra en banda, no
propugno, tampoco
propalo, sólo pongo
el ojo, ponga usted la
bala, diana, diana, qué
alegría, el mundo es

una esfera, dos son los
casquetes polares, y
qué que se derritan,
a mí qué, todo turbio,
todo negro, nos lo
merecemos, por
jugar con fuego, yo
duermo de lo mejor
contando ovejas,
nada me turba, nada
me altera, sólo que
usted, y sí a Dios
rogando y con el
mazo dando, dónde
ve el mazo, ni mazo
ni cachiporras, ovejas
y sólo ovejas, cada
una con su pareja, un
pedregullo de letras
hace palabras, palabras
de perogrullo son más
que suficientes, ni usted
ni yo somos Shakespeare,
no precisamos veinte mil
palabras para narrar el
mundo, este mundo
deteriorado, con un par
de miles de vocablos
vamos que chuta, y qué
si le pongo cercas al
campo, no ve qué bien
se está encerrado en esta
habitación, la amplia

ventana, la vista fija,
un pestilente arroyo a
punto siempre de
desembocar, cuatro
ríos tienen Hades y
el Paraíso, aguas de
intemperie a aguas de
calcinación, morir
habemos, yo me
arrellano que esto
se acaba, al acabóse
se acaba, como
caliente, bebo fino,
papo moscas, papo
higos, y natas papar
cuando perdamos la
dentadura, mejor así
parapetados, qué le
vamos a hacer, lo
finito es finito, cada
cual a lo suyo,
considéreme pues,
eso sí, claro que sí,
su obsecuente amigo,
y oiga, por seguro, le
aseguro que su seguro
servidor.

Lugar

Barría el aire.

Y amaba las escobas.

Bárbaros instrumentos de la sombra.

Amaneció.

Inmaculado de la cabeza a los pies.

El sol

se filtra por la cortina de bambú.

Queda

en el suelo su contorno: levaduras,

cal diluida. Queda

en la pared su contorno: hollín.

La escoba

contra un mueble, transfigurada

la escoba.

Lugar

Me despertó la enramada, luego que pasó el
    viento y clamaron los
    gorriones, el abeto
    creció de noche, el
    abeto está a su
    máxima altura esta
    mañana, se hizo
    silencio y sentí
    que tenía hambre.

Tengo hambre y abro un libro, me llega su
    marejada y la silencio
    (yo así no puedo)
    ahora rozo sus
    letras, me alambico,
    dejo que entre luz
    por mis costados
    por los ventanales
    del jardín, leo
    despacio, yo leo
    muy despacio de
    la negrura los
    rombos hasta un
    destello.

En el abeto veo un corpúsculo de luz, quizás
        soy un poeta lírico,
        quizás sobre la
        cómoda hay un
        retrato de familia
        donde todos sus
        miembros son mis
        padres tíos primos
        los abuelos, todos
        de una misma edad,
        están todos
        fotografiados a
        los treinta y cinco
        años, edad de
        resurrección en el
        cielo: ¿un poeta
        lírico? Yo soy real.
        ¿Un retrato de mi
        familia? Llevo
        semanas y semanas
        en una casa ajena.

¿Qué paisaje es éste; y qué este amanecer? El
        libro que leo no es de mi
        propiedad; mucho menos
        el cuarto, y menos aún
        las paredes baldas
        cortinajes el baldaquín
        de la cama, ¿yo bajo
        un baldaquín? Cosas sin
        fin (los libros) sucesos
        (trombas de sucesos)
        inesperados y sin fin

    llenan el mundo. Me
    da lo mismo. Son
    imágenes, son
    palabras, sitios.

Una página de San Agustín, abrir un diccionario
    para cerciorarnos, una
    página de Büchner,
    abrir las páginas de
    un libro de cocina
    libanesa, una página
    de Agnon: he ahí
    una gran ventura.

En lo que a mí se refiere es lo que es, y bien mirado,
    casa, suceso o libro
    que no sean de mi
    pertenencia, ni me
    va ni me viene: de
    mi pertenencia es
    un jarrón Ming de
    gran capacidad,
    buen tamaño,
    inmarcesible
    antigüedad, sin
    señor ni dueño,
    sin ley que lo
    gobierne, sin
    espejo que lo
    reproduzca, con
    monograma azul
    impecable sobre
    impecable fondo

liso de porcelana,
y que es cual viento
en la enramada de
un amanecer,
Guadalupe, en que
yo a tu lado (leo)
sin querer, desnudos
en somnolencia rozo
tus pechos (leo) madre
de mi hija y madre de
mi madre (ves cómo
me sentimentalizas)
y del abeto del jardín
dimanas sin fin y sin
recuento (dimanan)
de entre tanta negrura
los gorriones.

Lugar

Cuerpo del Verbo que anula la carne.

Festejan, y entramos al ruedo.

Un libro bajo el brazo (va creciendo) cúspide de sus letras.

Cual fraguas cual bosques, un derramamiento.

Hora del recibimiento adonde la madre
    (marsopa) chispa
    del salto felino
    del padre.

Estalla la espiga, el hambre desemboca: la uva
    se subdivide,
    múltiplo de
    dos; el dos
    geométrico de
    la uva indivisa
    a Caná.

Reducidos a las festividades, nunca alba, sólo
    luz: ni sueño ni hambre
    sino lo inconcebible,
    eras paulatinas, poco
    a poco desaparece el
    resquemor.

La persona está entera tras la figura: cortinas de
 lumbre reordenan y
 redondean el rostro
 (prismático, en las
 arrugas) rombos
 sucesivos, fija
 geometría. ¿Dios?
 Aún no.

Está escrito pero aún no. Sólo la fiesta, sólo la
 flecha de agua
 (surtidor) a la
 fuente. Último
 recodo del
 corro, primer
 recibimiento
 (aún) de
 inexistencia:
 por un lado se
 apaga, rescoldo
 incombustible,
 pieza quemada
 de la migaja; por
 otro lado (a la
 fiesta) el brazo
 que nos engasta,
 chiribita, chiribita,
 fiesta de las
 hilachas.

Lugar

Embarrancado.

Así no tengo que ir a ningún lado.

Galpón.

El subsuelo del terreno de labranza no muy
        lejos del suelo: cinco
        surcos, hileras de
        posturas recientes,
        en dos meses
        cornucopia.

De aquí no me meneo.

Y no muevo un dedo por la lombriz de tierra,
        el equino y el
        bovino, lo
        humano y lo
        divino, me
        ocupa (y es
        razonable)
        mantener los
        implementos
        agrícolas,
        enseres de

        cocina, a
        punto.

Puedo pasar las horas puliendo, engrasando,
        dando filo (desde
        niño soñé con ser
        un amolador de
        cuchillos): esta
        tarde la dedico
        a la segur.

Todo en pequeño: un kilómetro cuadrado, los
        animales de trabajo,
        alquilados. Y mi
        mujer funge de
        Aldonza, los
        domingos viste
        atavío de pastora,
        en verano junto al
        río (nada caudaloso)
        hace el papel de
        ninfa, yo me asusto:
        pesco (lucio o
        catarro).

Sé empantanarme.

Modorra. Las seis. La tarde se desploma en
        una hora. Sé
        permanecer
        cuerpo
        inorgánico,
        basta tela,

        rueca en
        redondo y
        en redondo
        irme convirtiendo
        en el anillo de
        un abeto poco
        corpulento (de
        momento).

La echaré de menos: ídem el té de escaramujo,
    la mesa de acero
    inoxidable a la
    entrada de casa,
    el trozo de panetela
    y el silencio mayor
    sólo roto por la
    pasión de un insecto
    aureolado minuto
    y medio por el
    instinto de
    reproducción.

No hay más.

Clavado a este suelo, no arramblo ni devengo,
    procuro rotar cultivos,
    semejarme al bovino
    alquilado, mi mujer
    a la yegua: al
    acostarnos
    (extenuados: más
    por la edad que
    por el trabajo)

roca: y de su lado
(me pongo de
costado) fulge
pedrería.

LUGAR

Ésta es la situación: cruzar la habitación a
    lomos de una bibijagua,
    desmontar horas
    después, no recapacitar:
    no reconocer ninguna
    índole de sabiduría,
    lavarse el rostro con
    agua fría, acabar de
    empaquetar: un total
    de dieciséis cajas de
    madera de idéntico
    tamaño. Libros, vajilla,
    ropa de cama, toallas.
    Seis mudas de
    calzoncillos, cuatro
    mudas de ropa. Sentarse
    a esperar. Una casa
    lacustre. Copia más o
    menos fidedigna de la
    descrita en aquel poema
    de Elizabeth Bishop.
    Lowell le tiró un
    tremendo fajón, de
    nada le sirvió, isabelita
    era mariquita.

Hoy se cumplen dos años que preparo este
        paso, una mudanza
a fondo. Desconfío.
Y sin embargo, es
ahora o nunca. Las
dos, y no llegan.
¿Llamo? ¿Se habrán
olvidado? ¿Se me
habrá olvidado
llamarlos? Imposible.
El miércoles pasado
fijé por teléfono
(1800-742-6060) la
fecha. Tengo la
cabeza en su sitio.
Lo único que no
recuerdo es haber
empaquetado. ¿Cajas
de cedro o de ocote?
Por seguro alguien
se hizo cargo de ese
trabajo: mas no
recuerdo, cosa rara,
estar supervisándolo.
Han de ser unos
quinientos libros
(escogidos). Los
platos comprados
en Torrox Costa,
orla verde, de
ocasión (remate
de un hotel que
quebró: Rugantino):

algo desportillados.
Paellas. Abadejos
asados. Ají colorado
en una salmuera
casera que los
conservaba varios
meses.

Llegaron. Estoy en mis cabales. Doy órdenes.
No aturrullarme.
Mantener la claridad
mental. Del tipo nada
es real; ni el buey ni
el boyero lo somos.
Fortachudos los
tipos de la mudanza,
y yo hecho un enclenque:
no comparar (fuente
de desdicha). Dejarme
llevar. Aguas vivas a
casas lacustres. Aquí
están. Tremendo
fenómeno los bueyes
del transporte. Akira
Nishimura, boyero
capitoste; Michio
Kitazume, de
aprendiz. Les voy
a dar una mano.
Cálmese compañero
que no sabe pulsar
el koto, y menos
éste de veinte

cuerdas. Ping. Me
retracto. Paso atrás.
Ésta es la situación
(actualizada): desmonto
todo el tinglado,
cajas vacías, material
inexistente: casa lacustre
de vuelta al poema
(cierro el libro) de
la Bishop. A lomos
de la hormiga,
recorrido a la inversa.
Comienza el día, pasó
el avestruz, (¿avestruz
o codorniz?): la bijirita,
chico pedazo; y al
sesgo de la ventana,
una bandada de auras
tiñosas (su paradero,
cruzo los dedos,
certero).

Lugar

Lo
cierto fue la confusión: unos lo llamaban
    Baikal, otros señalaban
    hacia poniente, daban
    saltos en parte
    inverosímiles y lo
    llamaban Biwa: el
    asunto del nombre
    no afectaba al agua.
    Pasaron caravanas y
    estuvimos contentos.
    Fui yo quien propuso
    lo de laguna de
    Ariguanabo (de
    inmediato se me
    echaron encima
    ninguneándome):
    cedí, y propuse que
    estábamos ante el
    Mar Muerto (gestos
    y voces clamaron
    al cielo).

Quién
vio qué. No es desatinado, ante tanta incertidumbre,
    proponerse una
    existencia alejada,

      basarla en la
      frugalidad y el
      silencio (tampoco
      excesivos): no tres
      pero sí un diccionario;
      no un ciento aunque sí
      diez libros selectos en
      el anaquel (un anaquel).
      Mesa, sillas, en fin, lo
      de rigor. Estudiar por
      cuenta propia un
      idioma extranjero,
      hacerlo en el vacío.
      A diario memorizar,
      luego se irán olvidando,
      media docena de
      palabras (alguna que
      otra queda incorporada
      con naturalidad a
      nuestro acervo
      mental): voz baja.

Cuanto
me surge a la vista lo considero alucinación: salvo
      las dos sillas. Y claro
      que la mesa. El lago.
      O laguna. El nazareno
      con su gente que se
      sientan a orillas del
      agua a organizar la
      labor del día, orientar
      la intención que los
      mueve cual si fueran
      un solo sistema

planetario, una misma
rueda móvil o inmóvil,
la única estrella del
firmamento (en cuanto
a lo visible que surge a
medianoche en ese casi
palpable firmamento):
fueron cuatro y no tres
los camellos, a nadie
se le ocurrió mencionar
a Dios, era un asunto
terreno: las clases
sociales se entremezclaron,
hablaron (dicharacheros)
(esta vez tanto hombres
como mujeres) (incluso
los adolescentes metieron
baza) sobre asuntos
políticos: a qué tanta
cosa.

Desde
hace una semana, y no por falta de medios, sólo
        como boniato: dos sillas,
        una mesa, sobre la mesa
        (centrado) un búcaro
        con dalias (cuadro:
        búcaro con dalias) a
        tres colores, de quincalla:
        desde hace un mes, al
        cumplir los cuarenta,
        imito a diario los
        movimientos pautados
        de un anciano de

ochenta años, me
sobra energía, la
retengo (disuelvo) me
toma minutos interminables
pasar del cuarto de dormir
(exiguo) al comedor
(exiguo) sentarme,
cerciorarme que el búcaro
de las dalias se encuentra
centrado, partir de un
lento (largo) tajo en
dos el boniato, llevarme
el primer bocado a la
boca: mi aliento es
bueno, mejor mi
dentadura, cuando
termino de almorzar
(crucial) betún, cepillar
los zapatos (me hago
que no los encuentro,
fusionándome de lleno
al octogenario) tras
haberme cepillado
los dientes (a fondo)
lavado bucal, y la
dicha consuetudinaria
de la línea que
llaman isoterma ah
si volviera a pasar
por aquel lugar donde
el solsticio de verano
sigue siendo día a día
el mismo día.

Lugar

Los muertos, todos, a Levante.

La aurora a lo ancho de la ventana.

Rosa estólida amarilla de plástico en el
    florero alto (estrecho)
    sobre la mesa de patas
    cortas único mueble.

Nada que registrar, de particular: el rocío,
    ni gota; el huerto
    florido, en alas de
    la literatura; la
    campanilla del
    alero norte que
    anunciaría la
    oración, mucho
    más al norte
    de donde me
    encuentro
    (mínimo un
    par de miles
    de kms.
    cuadrados).

El más sutil pensamiento de la más afinada
        mente procede de
        un fondo común
        (banal, y al
        pensarlo desde
        un primer
        principio, de
        haber tal cosa,
        inasequible):
        filósofos y
        psiquiatras
        laboran para
        convertir la
        hilacha y el
        amasijo en
        conjuros de
        perogrullo.

Ataja que el caco se lo lleva todo cara de
        muerte.

Anoche, por una circunstancia que no viene
        al caso, o que no
        tengo ganas de
        ponerme a contar,
        dormimos con el
        colchón en el suelo
        de la sala: nada
        más esta mañana
        que registrar.

Ah y que nuestro horario se ha visto hoy
    alterado: nada más,
    ahora sí, que registrar
    (esta mañana).

Las aguas del Huang Ho fluyen lentas, una
    monja budista
    (rapada) a la
    rueca, el abad
    a la puerta barre,
    aparecen tres
    acólitos, rastrillos
    en mano, en el
    jardín de guijarros:
    esto, lo registro,
    es Kyoto.

De nueva índole, quisiera, a partir de esta
    mañana mi existencia:
    lo dudo. Única libélula,
    indiscutible linealidad
    de su vuelo, la floresta
    en el islote ya a unos
    metros la desviará, su
    propia imagen a ras
    del agua ya la habrá
    retenido momentos
    antes: punto donde
    me detengo para
    tomarle el pulso a la
    realidad (no vaya a
    ser que). Las ocho,
    y resulta que en

punto; el suelo
recién encerado
huele a botas de
montar en algún
picadero
austrohúngaro
(húsar y dama)
ocho de la mañana,
a cabalgar los
amoríos; y la rosa
mierdanga de
plástico Woolworth
ha sido reemplazada
por ingente brazada
de mimosas (dama
a la espera de húsar)
todo me fue revelado
esta mañana (poco
por no decir nada
que registrar).

Lugar

Durante unos años vi una luz intermitente
    relumbrar en el
    horizonte. Al
    acercarme todo
    se oscurecía, a
    mayor oscuridad
    más lejos el
    horizonte. Persistí.
    No soy astuto,
    siempre no obstante
    he sido tenaz.
    Contumaz. En
    verdad irreverente.
    Y al respecto,
    sospechaba que
    aquella luz tenía
    contenidos más
    completos y
    verdaderos que la
    realidad ambiente.
    Todo era cuestión
    de insistir, a ver qué.

O más que ver suspender los arrolladores
    sentidos. Y ahí ardió
    Troya. Entré. La luz
    clareó, aumentaba a

        raudales sobre todo
        cuando cortaba el
        paso, me detenía
        un rato, jadeaba,
        surgió un resplandor
        más intuido que visto,
        quizás lo pueda
        concebir como un
        hartazgo de Vacío,
        y en el Vacío, un
        sinfín no palpable
        ni audible, etc., de
        formas: lo variable
        de las formas a lo
        informe, lo informe
        al centauro, la
        hamadríade, altares
        (voces que redondea
        la lengua) idiomas
        incomprensibles
        que por una especie
        de ciencia infusa
        penetran con la mayor
        claridad en la mente,
        qué es mente, qué
        Vacío. Y estas formas
        clásicas, de dónde
        saldrán.

A la primera pregunta la luz se hizo más
        intermitente,
        oscurecía. A
        medida que

aumentaban
las preguntas
más se aleja el
horizonte. Y yo
que me había
acercado con
mis mejores
galas, mi sombra
mitra y cetro, su
sombra túnica
blanca y alpargatas
negras (medias
blancas) reparaba
ahora que mis ropas
eran retazos, harapos
compuestos de lo visto
y vivido y concebido
entre cuatro paredes.
Me senté en un punto
que era justo el centro
de la casa, miré por la
ventana, ni un solo
mueble en la casa,
sólo una mesa con
su silla, una despensa,
nevera, anafe, la
colchoneta en el
suelo del otro cuarto,
un búcaro, su artificio
de flores (cera trapo
plástico papel): alzaba
la cabeza y miraba,
al mirar me atontaba

la desaparición total
de la luz intermitente,
y en su lugar los
ciclos del día a la
noche al día, sueño,
hambre, los típicos
achaques de la edad,
y concomitante
prepararme el
almuerzo (puré de
calabaza, cerveza,
manzana Fuji)
esperar un rato la
llegada de la náyade
de turno y al rato,
pese a lo avanzado
de nuestra edad
(ella me lleva incluso
años) confluir los dos
ríos.

Lugar

El lago está fragmentado porque el agua
    se está muriendo, y
    las cornejas, madres
    del presagio, tienen
    miedo.

En un rincón de la casa estoy leyendo a
    Trakl, llevaba días
    leyendo a Kleist. Y
    sueño con Alemania.
    Abetos y cartujos
    encapuchados en
    Baviera, y un día al
    sol, en pleno otoño,
    campanas llaman a
    los oficios: una chava
    de trenzas rubias, tez
    jaspeada, me muestra
    cómo conjugar verbos
    irregulares en alemán.

Un día de una etapa más de mi vida: herborizo,
    vagabundeo sentado.
    Mi espíritu mendicante
    (itinerante) toma vuelo,
    coge carrerilla, sentado.

    Nada salvo la página
    y el ojo se mueve.

El libro al revés, y luego boca abajo, basta
    ya de historias. Mi
    sistema nervioso,
    cardiovascular, leía
    Trakl a la tarde.
    Suicidio, bosques,
    pájaros oscuros y
    el eco (doble) de
    un pistoletazo junto
    a un lago, Von Kleist.

Todo lo voy fraguando sentado. Y no todo
    está de antemano
    fraguado, hay vida
    propia, no mucha,
    algo es algo. En
    un rincón de la
    casa me organizo,
    llevo a cabo un
    programa de
    trabajo para lo
    que resta de
    mes: leer a
    dos poetas
    cojos, Lorca

y
Byron,
estudiar
alemán

más
a
fondo

y rechazar la beca otorgada a Berlín, gracias, muy
      agradecido, mis respetos,
      muy generosos de su
      parte pero yo no

voy
ni
a
la
esquina.

Lugar

Su tiple voz llena la casa, la rebasa (Guadalupe
    la rebasa) esta mañana:
    primero leí en voz alta a
    la mesa del desayuno
    del Sutra del Loto,
    Ananda narra, yo leo,
    y al rato, voz coral, voz
    timbrada, Guadalupe
    canta: solo, dúo, tiple
    y falsete, engola la voz
    para hacerme reír,
    retoma la canción en
    serio, el rostro severo,
    se ensimisma y canta
    penas del rey David,
    fueron los primeros
    meses de nuestro
    acoplamiento, por
    la muerte de Absalón.

Su voz mueve ángeles y cantos llanos,
    Crónicas de Dios y
    Reyes, la altura
    inalcanzable, la
    Muerte que a qué
    tiene que venir la
    muy cabrona a

       separarnos, porra
       de Dios la Muerte.
       Adornar la frente
       con la gota del
       lacre más negro
       de la ceniza, hazla
       mecer, Guadalupe,
       y llene la cuenca
       vacía de los ojos
       de Absalón.

No haya otra versión de ti, Guadalupe, que cantar.
       Coral. Gallardetes
       al aire, laureolas de
       barro fresco (reunirnos)
       reconfigurarnos, el
       aire seco, la lluvia
       clara, punteo, inflexión,
       y yo de tu voz un plagio.

Lugar

A un país remoto. Con un idioma que ha de permanecer
    ininteligible. Con
    unos animales
    domésticos
    (enjambres)
    semejantes a
    los salvajes.
    Nombres
    estrambóticos,
    inscritos en el
    dintel a la entrada
    de la casa para
    beneficio de
    transeúntes,
    mercaderes,
    damas en busca
    de emociones
    fuertes. Yo que
    fui peregrino en
    tierra propia dejaré
    de serlo en el país
    remoto. De cuello y
    corbata. Parte de la
    servidumbre (hago
    constar que se trata
    de una servidumbre
    muy respetada, el

servicio es ligero,
digna la librea que
ceñimos, el desdén
con que se nos
considera jamás
hiere, apenas
molesta). Tras el
hundimiento de los
países a Poniente,
hice bien en irme
lo más lejos posible,
aplicarme a oficios
que hoy considero
nobles, por el camino
hice labores de casa,
fui chamarilero, trapero,
a veces un indigente,
a veces regente en
alguna casa de
lenocinio para
cabreros, porquerizos
y demás magnates
del mal olor. Ahora
estoy bien. En mi
cargo, cargado de
espaldas, honrado
por las dueñas de
casa, un buen par
de zapatos de tafilete,
chinelas, domingos
libres, mis compañeros
(de destino) y yo
pasamos el día junto

al lago (nombre
impronunciable)
(agua incomprensible)
compartimos los avíos
de pesca, una chalupa,
la noción (salimos de
todo aquello ilesos)
de que somos el
contingente afortunado
después de la quema.
Ya no son los libros
mi gran pasión.
Tampoco imaginar.
La pura verdad,
espiritualizaba
demasiado. ¿Me
creía un San Juan?
¿Bodhisatva? En un
antebrazo estoy
marcado. En la
frente rubricado
(¿oprobio?) fonema
o guarismo que ya ni
veo al afeitarme,
ruido del agua. Hago
mi trabajo. Duermo
con los cormoranes.
Las más de las veces
a la intemperie. En
un cuaderno secreto
(cabe en el bolsillo
trasero del pantalón)
anoto palabras que

me conmovían:
las consideraban
preciosistas, mas
en mí se habían
acendrado, a oscuras
las repito (farfolla virol
baraca) el nombre de
ciertas telas, árboles
de países lejanos, los
mismos árboles que
aquí veo, abundan,
nadie les presta
atención: yo tampoco.
Sólo presto atención
a sus nombres. Los
árboles me son ajenos,
me les acerco con un
cierto cariño (resquemor)
y seguro de no ser
visto, los rozo, los
reprendo, los toqueteo
y estudio, los llamo
por el nombre que
aparece en mis libros:
les agrego los apellidos
de mis padres, el
de unas cuantas
amistades, y los de
aquellos vecinos que
vinieron a repudiarme
en el día de la salida
armados hasta los
dientes.

Lugar

Hice
cuentas.
Hasta
donde da el número, alcanza la mina del lápiz,
      nada permanente: lo
      fui vendiendo todo,
      buscaba lo mondo
      en lo lirondo, inalterable
      en la inquietud. No
      buscaba. Las paredes
      vacías, vueltas a pintar
      de un blanco limón,
      al alimón con Guadalupe:
      los rodapiés de un
      blanco cáscara de
      huevo, conté cincuenta
      libros leídos y por leer,
      la colección de música
      clásica (unos quinientos
      discos) en mueble de
      arce pulido a fondo
      hasta el fondo de la
      madera: clausuré
      los pensamientos
      que se ramifican,
      desencajándose. Unas
      ocho mudas de ropa,

algo pasadas, desteñidas,
de primera calidad.
Los cachivaches más
valiosos, adquiridos
a través de los años,
fueron a parar a manos
del anticuario, salvo
el samurai de porcelana
a quien siempre llamamos
el chinito, que aún
reflexiona sobre el
destino de todas las
cosas humanas, y
no sólo las humanas,
en la postura del
loto sobre el bajo
pedestal de pino
pintado de negro
donde se encuentra
hace, mínimo, tres
décadas (contemplando)
pensando, quién quita,
en las musarañas.

Lunes, frijoles negros con mariquitas, galletas
    de sal, vino blanco, fruta.

Martes, papa hervida con aceite de oliva, huevos
    duros, vino blanco, pan,
    fruta, y un bajativo o un
    cordial.

Miércoles, en ayunas. A la caída de la tarde un
    pan con mantequilla
    y un tazón de café
    con leche de
    almendra para
    conciliar el
    sueño que es
    conciliar la muerte
    que es imaginar.
    Despertar. El
    saco de huesos
    reconstituido
    tiene ahora treinta
    y cinco años, se
    ve bastante bien,
    mejoría notable,
    el pantalón de
    mezclilla, la camisa
    azul con botones
    relámpago ni se
    descompusieron
    ni padecieron
    transformación.

Y así patatín y así patatán hasta el domingo.

De cruces, de rezos, de magnitudes sacras.

En el banco un paco de pesos, el triple de lo
    que por seguro
    necesito hasta el
    día final, juzgad.

Quiero considerar, si no hice bien, si no tomé
    la decisión correcta,
    correcta y confuciana,
    aquélla que de tomarse
    en masa, haría de
    este mundo un
    mundo mejor.

Una vez al año, primavera entrada, avión a
    Kyoto. En Kyoto,
    Yoshino. En
    Yoshino, un mes
    parando en varios
    monasterios por mí
    conocidos y donde
    me acogen con
    risas y címbalos,
    yo también canto,
    yo también estudio
    los textos sagrados,
    alcanzo a veces el
    punto preciso en
    que parezco un
    mono, un gallo
    policromo o de
    madera, el aire
    largo, aire fino
    que exhala en
    estrechez la
    flauta de platino.

Lugar

Me quedo sentado, no sé de qué se trata, un
    poco escarranchado,
    limpio de cuerpo,
    atento estaba a
    unos conciertos
    del Padre Soler:
    hoy como ayer los
    mismos conciertos.

Descalzo. A veces en puntillas. Una camiseta
    verde donde aparece
    horizontal, cual si
    ocupara el horizonte
    a un lado y otro de la
    camiseta, Vermont.
    Una bicicleta, parece
    salida de un cuadro,
    de un cierto cuadro del
    Aduanero Rousseau:
    a la derecha tres libros,
    no sé ni sabré después
    de un mes de leídos de
    qué tratan.

Luz artificial. Un autorretrato del pintor Joan
    Cruspinera, aquellas
    borracheras a base

de cava en su estudio
de Barcelona, pleno
verano, bebíamos
como cosacos, un
día dejamos de
vernos: queda su
autorretrato, un óvalo,
un ojo, una abstracción.
Aquellas borracheras
eran y son abstracción.

Esta habitación contuvo más de dos mil libros,
quedan tal vez
unos trescientos,
el hecho de por sí
es intrascendente,
leí toda una vida
por motivos que
desconozco: leí
un libro de muchacho,
tendría diez años, leo
hace toda una vida:
no hay resultado ni
explicación del hecho,
es hecho, ocurrió,
en este momento
me concentro en
los movimientos
de un concierto
algo variable, algo
entrecortado del
padre Soler.

Estoy desprovisto. Común y corriente son mis días,
    la tela negra de estos
    pantalones de estar
    en casa: no desmerecen
    del cuerpo. El cuerpo
    (naturaleza viva) recibe
    la función de la tela,
    se ajusta. Campos y
    bosques, vallados y
    corrales, establos y
    terrenos labrados se
    vuelven tela: una
    muerta naturaleza,
    copos de algodón y
    dos liebres goteando
    que cuelgan de un
    perno. El rocío, cual
    abalorio purificado
    brilla en un racimo
    de uvas completando
    el cuadro.

Hora de que acabe el día, me vaya reclinando. La
    cabeza se acomode a
    un alto de almohadas,
    mañana hay que
    cambiar las fundas,
    apenas rociarlas con
    agua de azahar: el agua
    de azahar de la botella
    azul, etiqueta blanca,
    bodas celestes, blancura
    de la tiara entretejida

con flores de azahar:
la cámara nupcial.
Desfloración. Un viento
contrario detuvo la
veleta. Dos o tres pasos
a dar, antes de apagar.
El cuerpo me pesa,
pesan los párpados,
me fuerzo a orinar,
quitar la música,
guardar el disco
(metonimia de
músicas mayores):
atención, no
desperezarme o
pierdo el sueño, el
sueño reparador
velado de negro, y
debajo, inasible,
un torbellino de
astros, luces
intermitentes: una
se apaga, otra se
enciende, las dos
presagian que voy
a quedarme adentro,
sentado en abstracción.

Lugar

Madriguera. La canícula. Leo desnudo. Tomo
    un apunte en un cuaderno
    Made in Japan, me coloco
    de espaldas a Poniente,
    aguardo el sol naciente,
    Amaterasu abarque con
    hospitalidad las ocho
    islas. ¿Y Cuba? Verla
    desde otra perspectiva,
    Colón nunca llegó.

El padre del padre de mi padre tenía un pequeño
    abarrote en una aldea
    polaca colindante con
    Ucrania que desapareció:
    desaparecieron. ¿Y por
    qué no también Ucrania
    y Polonia? Clama ojo
    por ojo el Dios de Israel,
    estoy con Él.

Dios reprenda uno a uno mis pensamientos. Llueva
    que llueva eso no está
    en mis manos Virgen
    de la Cueva. Cabeza
    llena, cabeza huera.

Yo, a mi madriguera,
canícula y leer
despelotado: imagino
la terraza (Párraga,
153) me escarrancho,
libro en mano, diecisiete
abriles (marzos) <u>Diálogos</u>
(Platón) (*Plato, whata
dish*) la vecina de enfrente,
treintañera, se extasía
mirándome leer: mujer,
sin duda, intelectual.

Una vida de trabajo, mintiendo. Ganarse el pan es
la intemperie, y en
la intemperie nos
hundimos si no
disimulamos. Al
alba no se miente,
el resto del día, si
quieres peces hay
que mojarse el culo.
En cambio, en la
madriguera, todo
tiene otro cariz.
Hakuin. El día un
Libro de Horas.
Ikkyu. La tarde
reloj de flora,
flores ponerle a
Sugawara no
Michizane. Ah
tanto cuento chino,

cuento de camino,
me precio no obstante
de esta madriguera,
dos velas, té de
escaramujo, el único
espejo del lugar,
empañado: y vuelto
de revés. Y entra por
su revés, y no es
Alicia, Guadalupe:
se sabe por su porte
tranquilo, una ligera
distancia lógico es
humano a la defensiva:
la ampara de *devas*,
asuras, el hambriento
fantasma de su marido,
no se especule, ése
soy yo.

Lugar

Despunta el día la Muerte amaina.

Menos agria esta mañana la achicoria: mi mujer
    termina un arreglo floral
    para el centro de mesa
    de la cocina, mesa oval:
    teca auténtica, bosques
    de boj donde
    pernoctamos anoche
    en un mismo sueño
    mi mujer y yo: arreglo
    compuesto de helechos
    borraja una rama florida
    de ipecacuana, la
    trajimos del sueño cual
    si volviéramos a un
    lugar donde sentarnos
    a conversar detrás del
    horizonte.

Lugar de aguas bonancibles peces a ras.
    Filiformes, irisados, de
    un color esmeralda,
    vuelto (media hora al
    día, época de lluvias)
    gris oscuro. Comestibles,
    nadie los pesca, los

arrapiezos del lugar
se los ponen entre
las piernas para
jugar a la viola.

Tras la ablución, antes de iniciar los quehaceres,
hablamos sobre una
planta que descubrimos
hace unos días en un
libro Zen japonés, siglo
XVIII, en la Era de la
degradación del budismo.
Una Era anterior al
comienzo de un nuevo
ciclo, bella es su flor
(roja) (diminuta) su fruto
(incomestible): su
fragancia no compara
con el crisantemo
florido en otoño, no
fortifica como el
cinamomo, su valor
purgativo es limitado,
y sin embargo, tiene
fragancia, purga y
tonifica, mi mujer y
yo nos identificamos.

Lugar

Cogimos jaibas azules en horas de felicidad.

Julio en las montañas Catskills los cuatro,
    bocadillos de pasta de
    atún con tomate, té
    Lipton, leíamos todo
    el tiempo, caminábamos
    por un pinar cercano,
    leíamos en un claro
    que olía a ríos lejanos,
    mares aún más lejanos,
    el yodo y el salitre nos
    confundían: perdíamos
    el rumbo, nunca
    sabíamos donde
    estábamos, en
    horas de felicidad
    nos extraviamos,
    clave quizás de la
    felicidad.

En septiembre limpiábamos la casa a fondo,
    volvíamos al trabajo,
    se desfondaba el
    tiempo, no éramos
    infelices pero había

que hacer preparativos,
sacar cuentas, renovar
los pensamientos,
tener ideas maldita
sea tener ideas,
afinar los sentidos:
dosificar la fantasía,
tomar decisiones,
ducharse todos los
días, pelarse el último
día del mes, atender
el teléfono, abrirle la
puerta a la visita,
aguantar la mecha
de los colegas por
un sueldo que
tampoco nos
sacaba de apuros.

Una vida como toda vida en cualquier lugar o
época en parte, y con
suerte, malgastada.
Poca era nuestra
ambición, claro
nuestro ideal (leer)
(sumar vida
intelectual a vida
contemplativa) ver
un poco de mundo:
aprender tres o
cuatro idiomas
(uno, oriental) sin
embargo, y sin ser
en verdad infelices,

            todo se nos
            enmarañaba.

La
nieve
hay
que
apalearla,
hacer
la
compra,
sostener
las
virtudes
cardinales,
cumplir
horarios,
asumir
responsabilidades:
caer
en
la
trampa
de
las
discusiones,
defender
nuestro
ateísmo,
antinacionalismo,
desdén
político,
y
obrar

como
si
al
acabar
el
día
el
tiempo
no
terminara.

Ah y tener que soltar frases epatantes como
      aquello de que no discuto
      hace cinco años, hoy se
      cumplen justo diez años
      que no me sulfuro, etc.
      Lo peor era ese etcétera.
      Y tener que estar al tanto
      de tanto: la mula que
      tumbó a Jenaro, comer
      sano, bien y barato, ir
      o no a la huelga, la
      cuestión del ascenso,
      y en un espejo de
      vejez la ropa que
      ahora nos queda
      ancha, y una cabeza
      capaz todavía de
      apaciguarse en un
      cuerpo que trastabilla,
      se magulla (moretones
      cada vez más oscuros).

Lugar

Tabula Rasa. Hacer voto de (relativa) pobreza.
    Subirse a la loma, no
    muy escarpada, altura
    media. Llevar Tao Te
    King (Ching) (Dao De
    Jing). Analectas.
    Chuang Tzu. Pound.
    Zukofsky. Tolstoi (dos
    novelas). San Juan de
    la Cruz. Vallejo. Sus
    cuadernos en blanco,
    cinco, dan para seis
    a ocho meses, luego
    se verá. Llevar a la
    Dickinson, Niedecker.
    Y aunque parezca un
    desaguisado, no lo
    es, a la Pardo Bazán.

Música. Lo más normativo de Bach, Beethoven,
    Brahms. Y Arvo Pärt
    (Salve Regina)
    (Silentium) (*Sarah
    was ninety years
    old*). Los bosques
    se han pelado, la
    tierra cubierta de

hojas secas, los
chiquillos entierran
monedas oscuras
y rayos negros de
luz. Ni un ave, ni
una hormiga, nadie
por ende padece, ni
nadie sufre inanición.
Una cierta (pasajera)
inacción. Eso a la
hora cuando se pone
el sol. Acompañar el
momento de unas
galletas de arroz sin
sal, ella a su lado,
trajeron dos sillones,
beber de un mismo
jarro té de manzanilla,
un día que otro
mejorana, a veces
boldo, y ya es de
noche.

La puerta de entrada es vidrio viejo, metal
vencido, chirría, chirrían
los sillones, no hay que
mecerse (eso perturbaría
todo) descalzarse,
mantener unidos los
pies: una sola silueta
sobre el piso de tablas
cepilladas, las manos
en reposo, ora sobre

los muslos, ora encima
del brazo de los sillones:
la luz existe, la noche
es su espejismo. Salve
Regina, Tabula Rasa,
la Muerte una Efigie,
un Espantapájaros de
fajina, seroja, hambre
ajena, tarde o temprano
una pamplina.

Quedarse, tras oír los propios pensamientos
y las imágenes regolfar
como aguas carentes
de esplendor, cenotes
sin salida, estar
presente, ella a su
lado, todo el tiempo:
duración (intermitente)
seis meses. Y luego
otros seis y por lo
demás ya se verá:
al final, voto de
pobreza cumplido
(más, menos) libros
leídos, música
escuchada hasta
la saciedad: y el
silencio (Arvo Pärt)
acercarse rapado,
túnica azafrán, en
un bolso la yukata
y tres libros de

lectura edificante,
subir los cuatro
escalones del
cenador redondo
de madera, tres
tiestos floridos de
vicarias blancas,
un almuerzo para
dos: servilletas de
lino, amplias aguas
a la vista y alrededor,
masticar, sonreír,
besarse (sienes,
frente, labios, boca,
lengua, faringe,
esófago, vientre,
y dar a luz).

IV

Majora Canamus

Cantemos en efecto cosas mayores, la hormiga
    rubia, la abeja obrera, los
    cuadros de Bronzino,
    Simone Martini, la
    conmoción que me
    produjo la primera
    vez que contemplé
    un cuadro de Paolo
    Uccello.

La ciencia infusa cantemos, la madre por un lado
    como Arquetipo, por
    otro lado trompa de
    Falopio, antesala,
    matriz: lamento y
    quebrantamiento
    entre estereotipos.

Cantemos lúgubre porque hay que morir, que no
    es dejar de padecer
    sino de leer, y de
    asomarse: soñar
    con bosques en
    Finlandia, verdes
    heladas de Vermont,
    y esas horas cuando
    es posible sumirse

en una buhardilla,
leer por segunda
vez un autor
venerado, sea <u>Ana
Karénina</u>, <u>Lenz</u>, <u>El
hombre sin atributos</u>,
y con afán de pureza
sutras: poesía Zen,
y de nuevo literatura
japonesa del Heian
a Akutagawa,
Tanizaki, entrada la
madrugada realizar
la Ceremonia
(*Chanoyú*) del té.

Cante yo el ser vegetal en mí, los espárragos
del almuerzo (no son
los que le encomiaba
Proust a Francisca)
y para mi muerte cante
las malvas, las adelfas
blancas a la orilla de
un río andaluz, la
datura y la campánula
que viera en altos
muros desconchados
de Nerja: le cante a
una pérgola de que
me habló una vez
Guillermo Sheridan,
cantemos lo explícito,
lo constante, una tiara

de azahares para la
novia del sábado, un
pañuelo rojo para
taparle la cara al
buey al iniciar sus
labores, y una cierta
confusión de olores,
purín, los vómitos
lácteos del recién
nacido, la hediondez
de la madre dispuesta
a concebir, parir.

Cantemos de diez en diez por último números
romanos, arcadias y
mesegueros, alfareros
y tejedores, alfileres
de criandera, y el
número de golpe
depuesto al paso
de la Zopenca de
la Hoz montada a
hurtadillas, a
horcajadas, en un
zopenco: pegue el
corte, saje lo que hay
que sajar, y rebane lo
que corresponde, tejido
epitelial, cópula y
prepucio, y tras
copular la Dama
con el Caballero
suelte mi voz un gallo,

cloqueo, un gañido,
hueca voz, termine
la canción, seseo de
estertores, gaga
(falsete) expiración.

ÍNDICE

TODO COMIENZO / 5

LUGAR / 45

I

Retrato de familia / 49

II

Locus Amoenus/ 55
Logos del sitio / 60
Los dos paraísos / 67
Los dos reinos / 71

III

Lugar común / 77
Lugar ("Barría el aire.") / 82
Lugar ("Me despertó la enramada,") / 83
Lugar ("Cuerpo del Verbo") / 87
Lugar ("Embarrancado.") / 89
Lugar ("Ésta es la situación:") / 93
Lugar ("Lo/cierto fue") / 97
Lugar ("Los muertos, todos,") / 101
Lugar ("Durante unos años vi") / 105

Lugar ("El lago está fragmentado") / 109
Lugar ("Su tiple voz llena") / 112
Lugar ("A un país remoto.") / 114
Lugar ("Hice/cuentas./Hasta/") / 118
Lugar ("Me quedo sentado,") / 122
Lugar ("Madriguera. La canícula.") / 126
Lugar ("Despunta el día") / 129
Lugar ("Cogimos jaibas azules") / 131
Lugar ("Tabula Rasa. Hacer voto") / 135

IV

Majora Canamus / 141